THE INVISIBLE BRIDGE / EL PUENTE INVISIBLE

EL
PUENT
THE INVIS

PITT POETRY SERIES / Ed Ochester, Editor

E

LE BRIDGE

SELECTED POEMS OF
CIRCE MAIA

TRANSLATED BY JESSE LEE KERCHEVAL

UNIVERSITY OF PITTSBURGH PRESS

Published by the University of Pittsburgh Press, Pittsburgh, Pa., 15260
Manufactured in the United States of America
Printed on acid-free paper
10 9 8 7 6 5 4 3 2 1

ISBN 13: 978–0-8229–6382–0
ISBN 10: 0–8229–6382–5

CONTENTS

	ix	Introduction *by Jesse Lee Kercheval*
El puente	2 / 3	The Bridge
Por detrás de mi voz	4 / 5	Behind My Voice
Donde había barrancas	6 / 7	Where There Were Steep Riverbanks
Mojadas uvas. . .	8 / 9	Wet Grapes . . .
Vendrá un viento del sur	10 / 11	A Wind from the South Is Coming
Rechazos	12 / 13	Refusals
Palabras	14 / 15	Words
Nocturno	16 / 17	Night
Rostros	18 / 19	Faces
Regreso	20 / 21	Return
No habrá	22 / 23	It Will Not Be
Sonidos	24 / 25	Sounds
Posibilidades	26 / 27	Possibilities
Un cuadro de Lucho	28 / 29	A Painting by My Brother
Convalecencia	30 / 31	Convalescence
Posesión	32 / 33	Possession
Hoja	34 / 35	Leaf
La ventana	36 / 37	The Window
Vermeer	38 / 39	Vermeer

Klee	50 / 51	Klee
Cartas	52 / 53	Letters
Paradojas	54 / 55	Paradoxes
Casa abierta	56 / 57	Open House
El robo	58 / 59	Robbery
Pérdidas	60 / 61	Losses
La cuidad del sol	62 / 63	The City of the Sun
Signos	64 / 65	Signs
(?)	66 / 67	(?)
Encarnaciones	68 / 69	Incarnations
Prometeo	70 / 71	Prometheus
Cicatrices	72 / 73	Scars
Construcción de objetos	74 / 75	Construction of Objects
El palacio de jade verde	76 / 77	The Palace of Green Jade
Final	78 / 79	The End
Una horrible impresión	80 / 81	A Horrible Shock
Sí y no	82 / 83	Yes and No
Composiciones	84 / 85	Compositions
Discrepancias	86 / 87	Discrepancies
Las palabras	88 / 89	The words
Ocurre	90 / 91	It happens

Voces en el comedor	92 / 93	Voices in the Dining Room
Periodística	94 / 95	Journalism
Traición	96 / 97	Treason
Entrevistas	98 / 99	Interviews
Lluvia de octubre	100 / 101	October Rain
¿Qué enseñan?	102 / 103	What Do They Teach?
Discreción en Delft	104 / 105	Discretion in Delft
Calle lateral	106 / 107	Side Street
Prisionero	108 / 109	Prisoner
Opuestos	110 / 111	Opposites
Las cosas por su nombre. . .	112 / 113	Things by Their Name . . .
¿Dónde?	114 / 115	Where?
In memoriam	116 / 117	In Memoriam
Breve sol	118 / 119	Brief Sun
Visita del arcángel Gabriel	120 / 121	Visit of the Archangel Gabriel
Diferencia	122 / 123	Difference
Sobre el llegar un poco tarde	124 / 125	On Arriving a Little Late
La silla	126 / 127	The Chair

La mano de bronce	128 / 129	The Bronze Hand
Huéspedes	130 / 131	Guests
Leyendo en lengua extraña	132 / 133	Reading in a Foreign Language
Imagen	134 / 135	Image
[¿Se oye el ruido de la limadura?]	136 / 137	[Can you hear the sound of filing?]
Colibríes	138 / 139	Hummingbirds
El pozo de Silban	140 / 141	Pool of Siloam
Al-Mutamid, siglo once	142 / 143	Al-Mutamid, Eleventh Century
Cuidad de casas bajas	144 / 145	City of Low Houses
Invitación	146 / 147	Invitation
	149	Acknowledgments

INTRODUCTION

Circe Maia is part of the generation that brought Latin American writing to world prominence, and, at eighty-two, she is one of the few left of that amazing cohort. When Maia was honored at the International Festival of Poetry in Cordoba on the occasion of the publication in Argentina of *La pesadora de perlas, poemas de Circe Maia* (Viento de fondo, 2013), the historian Eduardo Galeano wrote, "This book helps to repair an injustice. It is unfair, very unfair, that so many connoisseurs of the best poetry have not yet discovered Circe Maia. The revelation will be a high joy. I envy them that magical moment. It is one that will last." His words apply just as well to this book, *The Invisible Bridge / El puente invisible: Selected Poems of Circe Maia,* which I hope will bring the poems of Circe Maia to a wider audience still.

Circe Maia was born in Montevideo, Uruguay, in 1932. Her father had her first book of poems, *Plumitas,* published in 1944 when she was only eleven years old. *En el tiempo,* her first book written as an adult, was published in 1958 and her tenth, *Dualdides,* in 2014. Her collected poems, *Circe Maia: Obra poética* (Rebeka Linke Editores, Montevideo), was published in Uruguay in 2010. In August 2013, she was awarded the inaugural Delmira Agustini Medal of Art and Culture by Uruguayan President José Mujica. Though Maia was born in Montevideo, she has lived most of her life in the northern city of Tacuarembó, where she taught philosophy to generations of students and worked translating French, Greek and English authors into Spanish, including works by Cavafy and Shakespeare.

In 1972, when the military dictatorship took power in Uruguay, military police broke into Maia's house in the middle of the night and arrested her physician husband for supporting the Movimiento de Liberación Nacional-Tupamaros (MLN-T), leaving Maia behind only because she had just given birth to their youngest daughter. She wrote of this experience in her autobiographical novel *Un Viaje a Salto* (Ediciones del Nuevo Mundo, Montevideo, 1987), published in a bilingual edition in the United States as *A Trip to Salto* (Swan

Isle Press, 2004). In 1978, Circe Maia's poem "Por detrás de mi voz" was set to music by Daniel Viglietti (often called the Bob Dylan of South America) as "Otra voz canta." It became the anthem and rallying cry for a generation fighting against military dictatorships in South America and was often performed along with a recital of Uruguayan poet Mario Benedetti's poem, "Desaparecidos," about the disappeared.

I first encountered Circe Maia's poems in January 2012, when I was staying with Uruguayan friends at the beach outside Montevideo. On the Epiphany morning, I woke to find that the Three Kings had left *Circe Maia: Obra poética* in my shoe. Those wise men (or my friends) knew the perfect gift for a poet. I sat in a hammock and read all four hundred pages, completely in love with a poetry so deceptively simple, so ultimately profound. With Maia's blessing, I began translating her work, wanting to share the experience of reading her poems with an English-speaking audience. I sent some of the poems and translations to editors at magazines. The response was swift and rather overwhelming. Editors, who often take from six months to even a year to respond to a submission, wrote to accept Maia's poems after an hour or a day. Her poems appeared in such magazines as the *New Yorker, American Poetry Review,* the *Boston Review,* and *World Literature Today.* The next step in sharing her poetry was this book, *The Invisible Bridge / El puente invisible: Selected Poems of Circe Maia,* which draws on all her adult books from *En el tiempo* (1958) to *Breve Sol* (2001). In *En el tiempo,* Circe Maia says about poetry and poetic language that the "mission of this language is to uncover, not to hide; to uncover the value and meaning of existence." And so this book takes its title from her poem, "El puente" ("The Bridge"): "In a trivial gesture, in a greeting / . . . a fragile bridge is constructed. / This alone is enough. / Although it is only for a moment, it exists, exists. / This alone is enough."

The Invisible Bridge / El puente invisible includes poems from Maia's first adult book, *En el tiempo,* which are rich with images of the semitropical countryside around Tacuarembó: rivers, river banks, dark summer nights, wet grapes, heavy rain. In "Donde había barrancas" ("Where There Were Steep Riverbanks"), Maia writes "Once again the memory rises up / of the oar beating against the water. The river shines and leaves tremble in the shade." Maia's adopted home Tacuarembó continues as a strong presence even in her subsequent works, when the poems become more distilled, shorter. Now nature, though still central, is used to render a philosophy visible. In "Hoja" ("Leaf" [from *Cambios, permanencias,* 1978]), a leaf is still a leaf: "Alone / only itself alone." But through it, "The door to being opens." In "¿Qué enseñan?" ("What Do They teach?" [from *De lo visible,* 1998]), Maia turns again to nature to tease out a larger meaning: "The unfurling of a rolled leaf / projected at high speed. What does that teach?" In both these poems her love of nature and training as a philosopher are the twin tools she uses. But like the Polish poet Wisława Szymborska, Maia's verse can also be subtly, but powerfully, political. "Final" ("The End" [from *Dos voces,* 1981]) asks, "How does the light learn to grow dark?" This question gains resonance when you realize the poem was written under the military dictatorship that put Maia's husband in prison, that it was in that dark time she wrote the last lines, "Against the current, against the sticky / foam of nothing, / the light swims, stubbornly."

In Uruguay, half the population lives in Montevideo. As with France and Paris, Uruguay is a country where the intellectual center, the place where the writers live, is the capital. Living in Tacuarembó has always set Maia apart. In this, she reminds me of the Southern American writer Eudora Welty or the Canadian Alice Munro, part of the literary world but apart from it. Even now, writers who go to visit Maia make the five-hour trip from Montevideo to Tacuarembó in the spirit of a pilgrimage. In June 2013, I made the pilgrimage. By then I had been translating Maia's work for over a year, exchanging emails with her regularly. She picked me up at the bus station and took me to her home. She was and is one of the most luminous, lovely people I have ever met. Shy about discussing her own work, she preferred sitting in her back garden, having me read one of my poems in English, asking a translator's questions about the meaning of a word. Sitting with her under her lemon tree, I couldn't help remembering the opening lines of her poem "Leyendo en lengua extraña" ("Reading in a Foreign Language" [from *Breve sol,* 2001]),

"At first / the meaning is peeled away from the symbols / by guess work, unsteadily," a poem that, as a translator, spoke directly to me.

The darkness, the sharpness that is so often there in her poems stayed hidden as we ate lunch with her husband, daughter, and granddaughter—more warm hostess than philosopher. After lunch, she showed me each flower and tree in her garden and then we went for a walk to a nearby park where she did the same. There her careful attention to the world was the same as it is in her poems. I could see how sunlight through the leaves as we walked under an arbor did, indeed, form a mobile labyrinth. I could see how her poems were all around us in the world.

—Jesse Lee Kercheval

THE INVISIBLE BRIDGE / EL PUENTE INVISIBLE

El puente

En un gesto trivial, en un saludo,
en la simple mirada, dirigida
en vuelo, hacia otros ojos,
un áureo, un frágil puente se construye.
Baste esto sólo.

Aunque sea un instante, existe, existe.
Baste esto sólo.

The Bridge

In a trivial gesture, in a greeting,
in the simple glance, directed
in flight toward other eyes,
a golden, a fragile bridge is constructed.
This alone is enough.

Although it is only for a moment, it exists, exists.
This alone is enough.

Por detrás de mi voz

Por detrás de mi voz
—escucha, escucha—
otra voz canta.

Viene de atrás, de lejos
viene de sepultadas
bocas y canta.

Dicen que no están muertos
—escúchalos, escucha—
mientras se alza la voz
que los recuerda y canta.

Escucha, escucha:
otra voz canta.

Dicen que ahora viven
en tu mirada.
Sostenlos con tus ojos
con tus palabras.

Que no se pierdan.
Que no se caigan.

No son sólo memoria
son vida abierta
abierta y ancha.

Escucha, escucha:
otra voz canta.

Behind My Voice

Behind my voice
—listen, listen—
another voice sings.

It comes from behind, from far.
It comes from the buried
mouths and it sings.

They say they are not dead
—listen to them, listen to them—
while the voice rises
remembers them and sings.

Listen, listen:
another voice sings.

They say they live now
in your eyes,
sustain them with your eyes,
with your words.

So that they are not lost.
So that they do not fall.

They are not only memory,
they are open to life
open wide.

Listen, listen:
another voice sings.

Donde había barrancas

Otra vez se levanta a la memoria el golpe
del remo contra el agua. Brilla el arroyo y tiemblan
las hojas en la sombra.

Miran ojos risueños, pelo mojado. Arriba
azul y sol y azul. . . Mira los trancos negros
y rotos, oye el agua.

Tibia madera siento todavía en la mano
y a cada golpe sordo que da ahora mi sangre
se vuelve a hundir el remo en verde frío y algas.

Un tallo firme y verde venía enero alzando.
Y venían del viento, del amor, y venían
de la vida
alas rojas y en vuelo, los días de verano

       Rema, remero
       y no escuches el golpe
       negro, del remo.

El golpe corta trazos cortos de tiempo
trozos iguales, casi relojería
y se piensa que adónde se van cayendo
un golpe y otro golpe junto al vuelo del día.

Mira que se ennegrecen las blancas horas
y de querer pararlas ya casi duelen.

Caen al alma fríos y de ceniza
los golpes que en agua dieron los remos.

Y atrás se ve las cara tersa del río
el rostro del verano, azul y liso.

Where There Were Steep Riverbanks

Once again the memory rises up
of the oar beating against the water. The river shines
and leaves tremble in the shade.

Wet hair, smiling eyes watching. Above
blue and sun and blue . . . watch the black
and broken tree trunks, listen to the water.

I still feel warm wood in my hand
and at every dull beat my blood makes
the oar sinks again in green cold and algae.

Like a stem, firm and green, June came rising.
There came from wind, from love
and life
red wings in flight, the days of summer.

> Row, rower
> and do not listen to the black
> beat of the oar.

The oar strokes cut time into pieces,
equal pieces, almost clockwork
and all you think about is where each is falling,
a beat and another beat together as the day flies.

Look how the white hours grow black
and the wanting to stop them almost hurts.

Blows fall on the soul, cold and ashen,
the blows of the oar on the water.

And behind, you can see the flat surface of the river,
the face of summer, blue and smooth.

Mojadas uvas. . .

Mojadas uvas, aire de vacaciones.
Sobre la palma de la mano, como un trompo girando
lavado, puro y negro corazón de la noche.

Qué a compás con nosotros su latido de tiempo
y cómo se sentía la dicha a veces, fuerte,
densa, casi tangible
no se sabía dónde.

Al poner el mantel sobre la mesa, estaba
hecha de tela blanca o era de vidrio y loza
y en la cena, volaba
de un lado a otro, sobre
la luz de las miradas
de un vaso a un mueble, del pan al agua.

Se oía su latido
en las conversaciones
en los acogedores silencios, en saludos
en su: ¡hasta mañana!

Ahora
se han ido a acostar todos
y como nunca más ha vuelto a levantarse
la mirada risueña,

se volaron las noches de diciembre y el brillo
de las frutas lavadas
se volaron los rápidos pasos en la vereda
y aquella que venía
—no se sabe de dónde—
dicha, ráfaga oscura
en la piel de la cara.

Wet Grapes . . .

Wet grapes, the scent of vacations,
on the palm of the hand like a spinning top
washed, pure, and black heart of the night.

How in time with us, your beat,
and how we felt bliss sometimes, strong,
dense, almost tangible,
no one knew from where.

Putting the cloth on the table—happiness was
made of linen or glass and china
and during the dinner, it flew
from one side to the other, over
the light of the glances,
from a glass to the table, from bread to the water.

Everyone heard its beat
in the conversations
in the comfortable silences, in greetings
to each other: see you tomorrow!

Now
everyone has gone to bed
and it is as if the smiling glance
will never wake again,

they flew, the summer nights and brilliant
wet fruit
flew like quick steps on the sidewalk
and what came
—who knows from where—
was happiness, dark night wind
on the skin of the face.

Vendrá un viento del sur

Vendrá un viento del sur con lluvia desatada
a golpear en las puertas cerradas y en los vidrios
a golpear en los rostros de agrios gestos.

Vendrán alegres oleajes ruidosos
subiendo las veredas y calles silenciosas
por el barrio del puerto.

Que se lave la cara la cuidad endurecida
sus piedras y maderas polvorientas, raídas
su corazón sombrío.

Que por lo menos haya asombro en las opacas
miradas taciturnas.
Y que muchos se asusten y los niños se rían
y el verdor de la luz del agua nos despierte
nos bañe, nos persiga.

Que nos dé por correr a abrazarnos
que se abran las puertas de todas las casas
y salga la gente
por las escaleras, desde los balcones
llamándose. . .

A Wind from the South Is Coming

A wind from the south is coming to unleash rain
to beat at the closed doors and on the windows
to beat on the faces with their bitter expressions.

They will come, happy noisy waves
climbing the sidewalks and the silent streets
in the neighborhood of the port.

To wash the face of the hardened city,
its dusty stones and timbers, worn, shabby,
its dark heart.

Let there be astonishment in the dark
taciturn glances.
Let people be afraid and the children laugh
and the green light of the water wake us,
bathe us, follow us.

Let it make us run and hug each other
to open the doors of all the houses
and let the people come out,
down the stairs, from the balconies
calling to each other . . .

Rechazos

He aquí el primer miedo:
ser resbaloso y blando.
El pasar sin tocar, tocar sin apoyarse,
el apoyarse apenas.
No quiero
vivir como quien bebe
los días, flojo vino,
que muy pronto agria
y —sin saberse cómo—
se acaba.

Otro miedo: perderse.
De pronto ya no estar, haber quedado
atrás, en un recodo.
Ahora ya no nos ven, ya no nos oyen.
Movimiento entre imágenes
entre sombra, entre sueños.
No quiero
ese avanzar en falso,
en realidad quietud, detención sin remedio
en realidad, la muerte.

Por último, este miedo
difícil de decir, ahora mismo:
lisura de papel, brillo en maderas,
silencio alrededor. . . Vuela en el silencio
fino miedo, aguja del instante
presente.

Refusals

Here's the first fear:
to be slippery and weak.
The passing without touching, touching without resting,
the barely resting.
I don't want
to live like someone who drinks
the days, loose wine
that very quickly sours
and—without knowing how—
comes to an end.

Another fear: to become lost.
Suddenly to no longer be there, having stayed
behind at the bend.
Already they don't see us, already they don't hear us.
Movement between images
between shadow, between dreams.
I don't want
this making false progress,
in reality, stillness, arrest without appeal
in reality, death.

Finally, this fear
difficult to talk about, right now:
smoothness of paper, gleam of wood,
silence all around . . . in the silence flies
fine fear, needle of the present
moment.

Palabras

Tantos millones de bocas
tienen pasadas

—Pedro Salinas

En este cuarto me rodean muebles
que no conoces: tengo puesto ahora
este vestido que no has visto y miro
—¿hacia dentro, hacia fuera?— No lo sabes.

Pero ahora y aquí y mientras viva
tiendo palabras-puentes hacia otros.
Hacia otros ojos van y no son mías
no solamente mías:
las he tomado como tomo el agua
como tomé la leche del otro pecho.
Vinieron de otras bocas
y aprenderlas fue un modo
de aprender a pisar, a sostenerse.

No es fácil, sin embargo.
Maderas frágiles, fibras delicadas
ya pronto crujen, ceden.

Duro oficio apoyarse sin quebrarlas
y caminar por invisible puente.

Words

So many millions of mouths
have passed
—Pedro Salinas

In this room I am surrounded by furniture
you do not know: Now I have put
on this dress you have not seen and I look
—inward, outward?—You do not know it.

But here and now while I live
I tend words—bridges to others.
Toward other eyes, the words go
they are not mine, not mine alone:
I drank them as I drink water
as I drank milk from another's breast.
They came from other mouths
and learning them was a way
to learn to press on, to keep going.

It is not easy.
Fragile wood, delicate fibers
already they creak, they yield.

Hard work to lean on them without their breaking
and to walk across an invisible bridge.

Nocturno

Este desprendimiento es como un desvestirse.
Gestos, miradas, voces aparecen ahora
como una ropa ajada.

Los modos habitantes de réplicas, defensas,
restos de charlas grises
sobre nosotros bajan
caen.

Y de tanto trabajo, cuesta tanto
quitárselos después. Siguen pesando.
Han bajado esos turbios,
caen sonrisas flojas,
caen neutras miradas
voces indiferentes
sin peso
bajan.

Hay ahora un depósito,
¿cómo vaciar de noche
para poder dormirnos
esta ceniza amarga?

Night

This detachment is like undressing.
Gestures, looks, voices now appear
as cast-off clothes.

The habitual replies, defenses,
remains of gray gossip
fall
over us

And so much work, such a cost
to take them off. Still they have weight.
This cloud has fallen,
slack smiles fall
blank looks fall
indifferent voices
without weight
fall.

Now there is a storehouse.
How can we empty the night
of these bitter ashes
and be able to sleep?

Rostros

Así también los rostros
máscaras rutinarias se transforman
en la cara real, tan y tan viva
que quema las palabras.

Sólo, de a ratos, claro.
Como cuando aparece
un fuego silencioso
devorando las débiles
conversaciones blandas.

Brilla sólo un silencio.
Por él cruzan los ojos
de los rostros reales, de reales miradas.

Faces

Like this the faces
routine masks are transformed
into the real face, so very alive
it burns the words.

Only sometimes, of course.
As when a silent fire
appears
devouring the weak, soft
conversations.

Alone a silence shines.
The eyes cross the silence
to belong to real faces, real gazes.

Regreso

Estábamos tan acostumbrados
al ruido del los niños,
—gritos, cantos, peleas—
que este brusco silencio, de pronto. . .

Nada grave. Salieron.
Sin embargo
en pocos años será lo mismo
y no nos sentaremos a esperarlos.
Habrán salido de verdad.
Se saldrán del correr en escaleras.
¡No corran, niños! De sus cantos gritados
de su empujarse y su reír, habrán salido.

Volverán sólo en ráfagas-recuerdos,
en fotos alineadas.
Tiempo de mamaderas y pañales.
Tiempo de túnicas y de carteras.
Tiempo quedado atrás de alguna puerta
que no será posible abrir. Habrán salido.

Por eso toco y miro, como de gran distancia
este cuarto en silencio
con juguetes tirados por el piso
con camas destendidas.

Me siento regresando.
Como quien ya se iba y da vuelta.
Como alguien que olvidó despedirse.
Desde afuera, de lejos, he regresado
a la resbaladiza sustancia de la vida.

Return

We were so used
to the noise of children
—shouts, songs, fights—
that this abrupt silence, suddenly . . .

Nothing serious. They went out.
However
in a few years it will be the same
and we will not sit and wait for them.
They will really have gone.
They will leave running down the stairs.
Don't run, children! Your shouted songs
your pushing and your laughing will be gone.

They will return only in memory-flashes,
in photos perfectly aligned.
Time of baby bottles and diapers.
Time of school tunics and satchels.
Time left behind some door
impossible to open. They will have gone.

That's why I touch and look, as from a great distance,
at this silent bedroom
with toys thrown on the floor
with unmade beds.

I feel myself returning.
Like one who was going away and turned around.
Like someone who forgot to say good-bye.
From the outside, from afar, I have returned
to the slippery substance of life.

No habrá

Construyendo los días uno a uno
bien puede ocurrir que nos falte una hora
—tal vez sólo una hora—
o más o muchas más, pero raro es que sobren.

Siempre faltan, nos faltan.
Quisiéramos robarlas a la noche
pero estamos cansados
nos pesan ya los párpados.

Nos dormimos así y la final imagen
—antes de zambullirnos en el sueño—
es para un día nuevo, de anchas horas
como llano estirado, como viento.

Lastimosa mentira.

No habrá días-burbujas imprevistos
sorprendentes, abiertos.

El zumo de este día transcurrido
se filtra por el borde de la madrugada
y ya la está royendo.

It Will Not Be

Building the days one by one
it may well be that we lose an hour
—maybe just one hour—
or more or many more, but rarely are there extra.

They're always missing, lost to us.
We would like to steal them from the night
but we are tired
already our eyelids are heavy.

So we go to sleep and the final image
—before diving into dreams—
is of a new day, with long hours
like plains stretching out, like the wind.

Pitiful lie.

There will be no days like unexpected bubbles
surprising, open.

The juice of this past day
seeps through the edge of dawn
and is already gnawing on it.

Sonidos

Una niña pequeña canta alzando
apenas, la voz. En el silencio
del jardín, la voz suena
por instantes: sonidos
como pequeñas chispas que se apagan.

El cielo se oscurece
de minuto en minuto.

No sólo viaja el rojo hacia el violeta
y el dorado al gris-sucio
los tonos de la voz también se desvanecen.

Más ronca y como resquebrajada
otra voz ya ha avanzado hacia la sombra.

Ritmos de repetidos tambores o los sones
de laúdes, como cuentas de vidrio
cantos claros o gritos
tableteos de armas o
susurros
todo mezclado
líneas de sonido convergen
hacia el silencio. Boca de silencio
mastica los sonidos
y traga.

Sounds

A small girl sings, barely
raising her voice. In the silence
of the garden, her voice sounds
for an instant: sounds
like small sparks that go out.

The sky darkens
minute by minute.

Not only does the red fade to violet
and the gold to dirty gray
the tones of her voice, too, fade away.

Another voice, more hoarse, as if cracked,
has now advanced toward the shadows.

Repeated rhythms of drums or tones
of lutes, clear as glass beads,
songs or shouts,
the rattle of arms or
whispers
all mixed together,
lines of sound converge
toward silence. The mouth of silence
chews the sounds
and swallows.

Posibilidades

Hemos resuelto no existir. Mejor dicho
se ha resuelto que no existiéramos.
Así quedamos quietos, en el fondo,
sin hacer nada.

Como niños demasiado buenos
que han renunciado al juego por no hacer ruido
y ni hablar ni leer, porque hay crujidos
al dar vuelta las hojas.

Adelgazados, sí, casi sin peso,
sin movernos, ya dije.
Sólo queda mirar a quien no mira,
no nos ve casi nunca.

¡Pero a veces!

A veces existimos todavía
en forma de punzadas silenciosas.
Un pensamiento-aguja, voz-astilla
da el inaudible grito: "¡Todavía!"

Possibilities

We have resolved not to be. Or rather
it has been resolved that we should not exist.
So we stay quiet, in the background,
doing nothing.

Like children too good
who have quit playing so as not to make noise
and don't talk or read because the pages
rustle when turned.

Slimmed down, yes, almost weightless,
without our moving, I say.
We stay staring at someone who doesn't look,
who almost never sees us.

But sometimes!

Sometimes we still exist
in the form of pricks of silence.
A thought-needle, a voice-splinter
gives the inaudible scream, "Still!"

Un cuadro de Lucho

A este mar entre verde y azul le dio su mano
el color como de una descuidada alegría.
Movimiento ligero, un temblor de contento
está vivo en la arena de su playa amarilla.

Pintó un bote sin nadie
y sin remos. Sin nadie.

Una arena desierta.
Una playa vacía.
Y en medio de ese aire, que se adivina tibio
y en los brillos del mar, que va subiendo, arriba,
y casi no da espacio para que entre el cielo
sobre el temblor del agua
y en el bote desierto
a pesar de su muerte
por detrás de su muerte
va navegando solo su corazón abierto.

A Painting by My Brother

To this sea between green and blue, his hand gave
a color like one of careless happiness
Light movement, a tremor of joy
lives in the sand of his yellow beach.

He painted a boat without anyone
and without oars. Without anyone.

Deserted sand.
Empty beach.
And in the middle of this air that promises warmth
in the gleam of the sea, that goes on rising, higher,
and gives almost no space for the sky
above the tremor of the water
and in the deserted boat,
in spite of his death
from behind his death,
alone, his open heart goes sailing.

Convalecencia

Días
que fluyen y convergen
hilos de agua que corren
hacia un río secreto.

Entra el sol en la pieza
el cuarto iluminado, el aire quieto,
la madera con luz, la tibia vida,
el suelto pensamiento
giran en hondo círculo, se juntan,
unidos, en silencio.

Convalescence

Days
flow and converge,
threads of water running
toward a secret river.

The sun enters the scene,
the room illuminated, the air calm,
the wood sunlit: warm life,
weightless thought
spin in deep circles, then join,
together, in silence.

Posesión

Ha visto las palmeras de su plaza
casi al amanecer o cuando cae
la sombra y ha cruzado
—y siempre en diagonal— al mediodía.

Esas palmeras, esas anchas calles
por donde el paso anuda
sus rápidas puntadas
¿no son acaso suyas?

Más bien es al revés: él es de ellas
y ahora lo descubre.

Ellas: él mismo en ellas
caminante y camino.

Possession

He has seen the palm trees of his plaza
almost at dawn or when the shadow
falls and has crossed
—always on the diagonal—at noon.

Those palm trees, those wide streets—
through which the step knots
its rapid stitches—
are they, perhaps, not his?

Better the reverse: he is theirs
and now he finds it out.

Them: he is one with them
the wanderer and the way.

Hoja

Tan absolutamente única
(nervaduras, matices) ella sola
en sólo ella, sola.

Hoja a quien la mirada
te separa del resto y te hace única.
(O te descubre única. . . ¿lo eras?)
¿Eras, antes de verte, tú y más nadie?

Una hoja en la mano
no en follaje
no en viento
sino aquí, en este instante
la doble luz del sol y de los ojos
que te miran, te envuelven
te recortan, te alzan. . .
La puerta al ser se abre.

Eres.

Leaf

So absolutely unique
(veins, hues). Alone
only itself, alone.

Leaf, a single glance
separates you from the rest and makes you unique.
(Or the glance found you unique . . . were you?)
Were you, before it saw you, you and no one else?

A leaf in the hand
not in the foliage
not in the wind
but rather, here, in this instant
the double light of the sun and eyes
looks at you, enfolds you
silhouettes you, raises you up . . .
The door to being opens.

You are.

La ventana

¿Ves que no era una suma
de días y de noches y minutos distintos?
Sólo un punto sin cambio, dentro de la mirada.
No se mueve a pesar de que las olas descienden
se descuelgan azules burbujas, cielos limpios
redondos, movedizos días en resplandores
caen y caen.

A pesar de que las noches soplan vientos de sombra
ruidos sordos y puntos de silencio
no cambia
no se mueve.

Siempre estás asomado
a la misma ventana.

The Window

Can you see there was no sum total
of distinct days and nights and minutes?
Only one point, unchanging, holds the gaze.
It does not move although waves fall,
blue bubbles drift down, skies clean
round, restless radiant days
fall and fall.

No matter that the nights blow winds of darkness
dull noise and points of silence,
it does not change,
it does not move.

Always, you appear
at the same window.

Vermeer

I

Todo a un mismo nivel de vida intensa.

No hay prioridades. No hay jerarquía.

Es la piel de la mano.
El pliegue de una tela
complicada puntilla, dibujo en las baldosas
transparencias, reflejos en los vidrios
luz resbalando en leche

           en manzana

                en mejilla

flecos

          loza

                madera
y espejos: el espacio doblándose
imágenes de imágenes
           luz filtrada y
           silencio.

Vermeer

I

All at the same level of intense life.

There are no priorities. There is no hierarchy.

It's the skin of the hand.
The fold of the fabric
complicated by lace, patterns
on the transparent tiles, reflections on the windows
light sliding over milk

apple

cheek

fringe

china

wood
and mirrors: doubling the space
images of images
filtered light and
silence.

II / *(Un mundo abierto)*

Llegan cartas. Alguien lee. Otra escribe
mientras alguien espera, mirando la ventana.

Los ojos
miran hacia una calle
invisible: está afuera.

De este afuera han llegado mensajes.
Hacia desconocidos van respuestas.

Los cuartos tienen mapas
colgando de la pared: regiones
remotas.

Los cuadros tienen dentro
otros cuadros, con paisajes
confusos y por ellos escapa
la luz hacia otra luz, el aire hacia otro aire.

Y aquí cercanos
el papel y el tintero
y la pluma rasgando
el papel, silenciosa.
Tampoco la que espera
está aquí: con las manos cruzadas sobre el vientre
vuelve el rostro hacia afuera.

Pero la luz sí está:
luz espesa de tiempo
madura de tres siglos
brillando
intacta.

II / *(An open world)*

Letters arrive. Someone reads. Another writes
while someone waits, gazing out the window.

The eyes
look toward an invisible
street: outside.

From this outside, messages have arrived.
Toward unknown others, go replies.

The rooms have maps
hanging on the wall: remote
regions.

The paintings have other paintings
inside them, landscapes
jumbled, and through them escapes light
toward other light, air toward other air.

And here close at hand
paper and inkwell
and the quill tearing
the paper, silently.
Neither is the one who waits
here: with her hands crossed over her belly
she turns her face to the outside.

But the light, yes, is here:
light dense with time,
aged by three centuries,
shining,
intact.

III / (La joven dormida)

Con el codo apoyado en la mesa
y el puño en la mejilla
—luminoso mantel, pared en sombra—
la joven duerme.

Por la puerta entreabierta
se ve un cuarto sin nadie
un mueble
un cuadro
baldosas claras: nadie.

Pero no sola. Envuelta totalmente
sostenida por formas y colores
en vívido equilibrio.

Con qué confiado gesto está apoyada
apenas, la otra mano
y la luz es sosiego.

No sola. Protegida. Su cuarto-barco viaja
olas de tiempo inmóvil
navega luz-silencio. . .
. . . ¡Que de verdad estuviera!
¿No es asombroso que de verdad estuviera
brazo real sobre mantel real, ahora polvo?

—Polvo ella no.

¿Cuál ella? ¿Quién ella?
—¿Quién es la que allí duerme?
—Su ser para otros ojos. . .

Sobre el mantel el codo, el puño en la mejilla
—luminoso mantel, pared en sombra—
duerme.

III / *(A Girl Asleep)*

With her elbow resting on the table
and her fist on her cheek,
—the tablecloth luminous, wall in shadow—
the young girl sleeps.

Through the half-open door
you can see a room with no one
a piece of furniture
a picture
bright tiles: no one.

But she is not alone. Totally enveloped
sustained by forms and colors
in vivid equilibrium.

With that trusting gesture
she is supported, her other hand
and the light are tranquil.

Not alone. Protected. Her room-ship travels
waves of motionless time
navigates the light-silence . . .
. . . If only she were real!
It is not astonishing that there really was
a real arm on a real tablecloth, now dust?

—Dust, her? No.

Which is she? Who is she?
—Who is it sleeping there?
—Her being for other eyes . . .

On the tablecloth her elbow, her fist in her cheek
—tablecloth luminous, wall in shadow—
she sleeps.

IV / *(La joven dormida II)*

¿No has de alzar la mirada para vernos?
Ajena ajena
un sueño remotísimo más ajeno a nosotros
que algún cuerpo radiante, a millones
años luz de distancia.

Y sin embargo, eres
de algún oscuro modo
el alimento que buscaba el ojo ávido.
Eres
un apoyo fortísimo
para el pie que resbala y que tantea
una puerta
imposible de franquear
pero puerta
para el que está encerrado
pensando en picaportes
y vidrios
y escaleras.

IV / (A Girl Asleep II)

You will not raise your gaze to see us?
Estranged stranger
remotest dream more alien to us
than any radiant body, millions
of light years distant.

And nevertheless, you are
in some mysterious way
the nourishment sought by the avid eye.
You are
a sturdy prop
for the foot that slips and feels the way
toward a doorway
impossible to cross
but a door
for one who is shut in
meditating on doorknobs
and windows
and stairs.

V / (De música inaudible)

La que toca, de espaldas.
El rostro, en el espejo
las manos, invisibles.

Y todo el amplio cuarto, desde el mármol veteado
del piso, hasta las vigas
del techo alto, vibra.

Sobre inmenso mantel de azules-rojos
dibujos laberínticos
el sonido resbala.

Alrededor-afuera-lejos otro sonido alumbra
—agria luz destemplada—
Holanda del seiscientos.
Afuera sangra Europa, tiempo en sombra.

Aquí dentro
el color crea música
un orden, una trama clarísima.

El profesor escucha
sobre un bastón la mano izquierda
la otra mano en el clave.

La jarra es un acorde blanco.

V / *(Of inaudible music)*

She plays, her back turned.
Face in the mirror
hands invisible.

And all the large room, from the cracked marble
floor to the beams
of the high ceiling, vibrates.

Over an immense blue-red tablecloth
labyrinthine drawings
the sound slides.

All around-outside-faraway another sound shines
—sharp unharmonious light—
Holland in the 1600s.
Outside, Europe bleeds, time in shadow.

Here inside
color creates music
order, a clear plot.

The teacher listens.
His left hand on a cane
the other hand on the harpsichord.

The pitcher is a white chord.

VI / *(La pesadora de perlas)*

El objeto más delicado sostenido
también delicadísimamente:
la pequeña balanza de las perlas.

En el aire está inmóvil.
Equilibrio perfecto: la mano sostiene
los ojos la sostienen
aire-luz la sostiene.

Mírala.

O mejor no la mires
no la miremos
ojo opaco podría acaso
¿no lo crees?
Desnivelarla.

VI / *(Woman holding a balance)*

The most delicate object supported
delicately as well:
a small balance for pearls.

In the air, it's immobile.
Perfect equilibrium: the hand supports it
the eyes support it
air-light holds it up.

Look at it.

Or better you don't look
we don't look
an opaque eye could possibly,
don't you think?,
tip it.

Klee

Conmovedores son estos cuadritos
de colores distintos, como baldosas
uno rojo, otro amarillo, otro negro.

Salpicando tonos distintos
sugieren asombrosamente
divisiones del tiempo:
un ahora, un después, los golpecitos
del reloj. Desparramados
instantes diferentes.

También parecen juegos misteriosos
de fichas inmóviles.
El movimiento está en los ojos
que saltan de uno a otro.

Los pequeños cuadros coloridos
están allí.
                              Esperan
y estallan, intermitentemente
en el punto final de las miradas.

Klee

These small squares move us
each distinct colors, like tiles
one red, another yellow, another black.

Splashed with distinct tones
surprisingly they suggest
divisions of time
a now, an after, little ticks
of the clock. Scattered
different instants.

They also look like mysterious games
with motionless pieces.
The movement is in the eyes
that jump from one to the other.

The small colored squares
are there.
                          They wait
and explode, intermittently
at the very edge of sight.

Cartas

Te mando unos dibujos. Muchos besos.
Saqué notas muy lindas. Muchos besos.

Y así, entre beso y beso de papel las noticias
la palabra animosa, la esperanza.

(Todo lo que se calla y no se escribe
late, entre letra y letra, en el papel en blanco.)

Letters

I am sending you some drawings. Lots of kisses.
I got very good grades. Lots of kisses.

And so, between paper kisses, the news
the brave word, the hope.

(Everything that must not be said or written
beats, between one letter and the next, on the blank paper.)

Paradojas

niña de un año

Paradojas: pisando
finísimo cristal, pisando fuerte
cayendo a plomo sobre fina lámina
y te sostiene.

Así cae el dolor acumulado
—pesada gota de metal al rojo—
Y una limpia mirada lo recibe
y lo sostiene.

Paradoxes

baby girl, one year old

Paradoxes: stepping on
the thinnest glass, treading hard,
falling like lead onto a thin sheet
that supports you.

Thus falls accumulated grief
—a heavy drop of red-hot metal—
and a clear gaze receives
and holds it.

Casa abierta

Es una casa extraña.
Mira:
la mano abre de pronto
puertas dormidas.

Son finas escaleras y altas ventanas.
Las ventanas están
abiertas y se oye
voces cantar.

Cantan con voz de tierra y aire de cielo.
Lentas voces descienden peldaños negros.
Blancas voces descienden por temblorosas
columnas estiradas.

Cantan con aire ausente y voz de viento.
Suenan como dormidas y doloridas
las hondas voces lentas.
Suenan como cansadas y lastimadas
de heridas viejas.

Cantando están
en ventanas abiertas
de par en par.

Open House

It is a strange house.
Look:
the hand suddenly opens
sleeping doors.

There are fine staircases and high windows.
The windows are
open and voices can be heard
singing.

Singing with the voice of the earth and the air of the sky.
Slow voices descend black stairs.
White voices descend trembling
lofty columns.

They sing with an absent air and a voice of the wind.
They sound as if they are asleep and in pain,
the slow deep voices.
They sound as if they are tired and suffering
from old wounds.

They are singing there
in windows,
opened wide.

El robo

Para los niños
anchos espacios tiene el día
y las horas
son calles despejadas
abiertas avenidas.

A nosotros, se estrecha
el tiempo de tal modo
que todo está apretado y oprimido.

Se atropellan los tiempos.
Casi no da lugar un día a otro.
No bien ha amanecido
cae la luz a pique
en veloz mediodía
y apenas la contemplas
huye en atardeceres
hacia pozos de sombra.

Dice una voz:
Entre vueltas y vueltas
se me fue el día.

Algún ladrón
oculto
roba mi vida.

Robbery

For children
the day has wide open spaces
and the hours
are clear streets
open avenues.

For us, time
is narrowed
so that everything
is pressed and oppressed.

Time stumbles along,
one day barely making room for the next.
No sooner is it dawn
than the light collapses
into fast noon
and as soon as you contemplate dusk
it flees
toward wells of shadow.

A voice says:
Again and again
the day gets away from me.

Some hidden
thief
is stealing my life.

Pérdidas

Un niño llora la bicicleta rota
la rodilla raspada
y alguien allí, parado
como si algo buscara. . .
¿Qué ha perdido?

—Ha perdido las ganas de andar en bicicleta.
Ha perdido las ganas de llorar
y una cierta adherencia, un espesor de vida
también perdido.

Con suavidad anochece y el color de la tarde
va de un rosado pálido hasta un celeste ingenuo.

(Como si declarara su total inocencia
el pasaje del tiempo.)

Losses

A child cries for the broken bicycle,
his knee scraped,
and someone is there, motionless
as if looking for something . . .
What has he lost?

—He has lost the desire to ride a bicycle.
He has lost the desire to cry
and a certain connection, a depth of life,
also lost.

Gently it grows dark and the color of the evening
goes from pale pink to naïve blue.

(As if the passage of time will declare
its total innocence.)

La ciudad del sol

En prisión siciliana
el fraile domínico Tomasso Campanella
vio en sueños las murallas concéntricas rodeando la colina
—defensa de invasores—
y en su interior las vio cubiertas de dibujos
de signos, de pinturas. . .

(Las murallas enseñan a quien vive entre ellas
secretos de animales y plantas, astros y geometría
música y matemáticas.)

Vio el fraile en la cuidad el movimiento
de seres felices, sus vestidos, sus juegos
su parejo trabajo, su parejo descanso.

Y ellos "que nada tienen, pero a quienes
nada falta", sonríen
y la ciudad solar brilla y alumbra
la prisión siciliana.

(También al mil quinientos,
otro Tomás inglés, sir Thomas Moro
sueña con su fantástica Utopía
mientras se afila el hacha del verdugo.)

The City of the Sun

In a Sicilian prison
the Dominican friar Tomasso Campanella
saw in his dreams the concentric walls surrounding the hill
—defense from invaders—
and inside he saw the walls covered with drawings,
with signs, with paintings . . .

(The walls teach whoever lives between them
secrets of animals and plants, stars and geometry,
music and mathematics.)

The friar saw in the city the movement
of happy beings, their costumes, their sports,
their equal work, their equal rest.

And they "who have nothing, but who
want for nothing" smile
and the solar city shines and lights up
the Sicilian prison.

(Also in the 1500s
another Thomas, the Englishman Sir Thomas Moore,
dreams of his fantastic Utopia
while the axe of the executioner is sharpened.)

Signos

Los signos de pregunta
los ganchos
de las interrogantes
como anzuelos
van y vuelven vacíos.

Renuncia.

El agua, el aire mismo
y hasta la luz
son claras
respuestas
a otros signos.

Signs

Question marks
barbs
of interrogation
like fishhooks
go and return empty.

Let them go.

The water, the air itself,
and even the light,
are clear
answers
to other signs.

(?)

El colmo de lo extraño:
que rodeado de objetos, casas, mundo, galaxias
y cientos de millones de personas
este ser sea tan
extraordinariamente importante

que dice: "Yo" y él sólo es eso
y nadie más.

Más nadie.

(?)

The height of absurdity:
surrounded by objects, houses, world, galaxies
and hundreds of millions of people
this being should be so very
extraordinarily important

he says: "I" and he, alone, is that
and nobody else.

Nobody more.

Encarnaciones

La cortina deja pasar la luz en bandas
y después se mueve y las bandas tiemblan.
La luz se vuelve tela.

Lo mismo en el follaje allá arriba
se ha puesto un cuerpo verde.

Y si te da en los ojos
se pone tu mirada
como un traje castaño.

Incarnations

The curtain lets the light pass in ribbons
then moves and the ribbons tremble.
The light turns to cloth.

The same in the leaves above
light has put on a green body.

And if I look into your eyes
it puts on your gaze
like a chestnut-brown suit.

Prometeo (de un cuento de Kafka)

Hay otras posibilidades sobre Prometeo
que los griegos no vieron:
el olvido, el cansancio.

A través de los siglos la traición fue olvidada.
Se olvidaron los dioses, se olvidaron las águilas.
El propio Prometeo, después de tanto tiempo
de su horrible castigo ha olvidado la causa.

Y también el cansancio:
se cansaron los dioses, se cansaron las águilas.
La herida, finalmente, se cerró de cansancio.

Sólo quedó el peñasco inexplicable
frente al violento mar
inexplicado.

Prometheus (from a story by Kafka)

There are other possibilities for Prometheus
that the Greeks did not see:
forgetfulness, fatigue.

Through the centuries the treason was forgotten.
The gods forgot. The eagles forgot.
Prometheus himself, after so much time,
forgot the cause of his horrible punishment.

And also the fatigue:
The gods grew tired. The eagles grew tired.
Finally the wound closed from exhaustion.

All that was left, the inexplicable rock
facing the violent unexplained
sea.

Cicatrices

Abiertas heridas
sobre la piel del tiempo.

¿Cicatrizan?
Los días
depositan sus vendas.
Se alisan y se lavan
rastros sanguinolentos.

¿Se recobra el herido?
—Sí, totalmente—
(Aunque al caer la noche
la herida sangra
a veces.)

Scars

Open wounds
on the skin of time.

Do they scar?
The days
place their bandages.
The bloody traces
are smoothed and washed.

Do the wounded heal?
—Yes, totally—
(Though at nightfall
the wound bleeds
sometimes.)

Construcción de objetos

Se hacen en el tiempo
y están hechos de tiempo.
Se hacen de a poco, como a pequeños golpes
de cincel, una estatua.

Como un tejido, punto por punto
día por día.

Pero después están. Están como una mesa
apoyada en el piso: ese modo de hablar, por ejemplo
esos gestos
los círculos de actos rutinarios
tan objetos
tan cosas
que sólo se deshacen con la muerte.

Construction of Objects

They are made in time
and they are made of time.
They are made little by little, as small blows
of a chisel make a statue.

Like a blanket, knit stitch by stitch,
day by day.

But after that, they are. They are like a table
resting on the floor: this way of speaking, for example
these gestures
this circle of routine acts
such objects
such things
only death unmakes.

El palacio de jade verde

de la Máquina del Tiempo *de H. G. Wells*

El viajero del futuro ha encontrado seres
delicados y frágiles, como niños.
Hombres del futuro, flojos.
Ni siquiera pueden
sostener la atención por mucho tiempo;
ni crean ni recuerdan, como plantas o pájaros
prontos para extinguirse.

En la ciudad en ruinas ve el viajero un palacio
de jade verde: es un museo
polvoriento, de inscripciones borrosas.
Los libros, como trapos, ya no pueden leerse.
Ese es nuestro futuro
para la raza débil, ya pasado.

Por las ventanas rotas, sopla el viento.
Y es esa extraña imagen la que queda
flotando, intermitente.
¿Qué cosa lastimosa, qué más triste
puede haber que ese viento en el palacio?

The Palace of Green Jade

from The Time Machine *by H. G. Wells*

The traveler to the future meets
delicate and fragile beings, like children.
Men of the future, feeble,
unable to pay attention for long
who neither create nor remember, like plants or birds
on the point of extinction.

In the ruined city the traveler sees a palace
of green jade: dusty museum
of blurred inscriptions.
The books, like rags, can no longer be read.
This is our future
For a frail race, it's already past.

Through the broken windows, the wind blows.
And this strange image is the one that lingers,
floating, intermittent.
What a pity, what could be sadder
than the wind in that palace?

Final

¿Cómo aprende la luz a oscurecerse?
¿Debe hacer ejercicios de opacamiento?
No quiere.
Hasta último momento la brasa late:
una chispa, un crujido.

El punzón del fuego no quiere
no ser más taladro, hacerse romo.
No quiere.

Muy a contracorriente, contra la pegajosa
espuma de la nada
bracea, tercamente.

The End

How does the light learn to grow dark?
Must it practice growing dim?
It does not want to.
Until the last moment the ember throbs:
a spark, a crackle.

The sharp bit of the fire does not want
to stop being a drill, to grow blunt.
It does not want to.

Against the current, against the sticky
foam of nothing,
the light swims, stubbornly.

Una horrible impresión

All floors are false

—M. L.

Peor que no poder volar ni remontarse
—sueño estéril del alma—
es la horrible impresión de no poder tenderse
no apoyarse siquiera

porque

cede.

A Horrible Shock

All floors are false

—M. L.

Worse than not being able to fly or soar
—futile dream of the soul—
is the horrible shock of not being able to lie down
or lean against anything

because

it gives way.

Sí y no

Ropas al sol, ligeramente húmedas.
Casi bailan, sueltas.
Casi sueltas bailan.

Casi libres —casi—
los ojos vuelan.
Alzan un vuelo atado.

Se van.

Se quedan.

Yes and No

Clothes in the sun, lightly
damp.
Almost dance, loose.
Almost loose, dance.

Almost free—almost—
the eyes fly.
They lift in tethered flight.

They go.

They stay.

Composiciones

Unas cosas se hacen de otras.
—El portafolio está hecho de cuero—
de sonido y sentido, el lenguaje.

Y de muchas sustancias
el mirar, el silencio.

Compositions

Some things are made of others.
—The briefcase is made of leather—
language of sound and feeling.

And of many substances,
the glance, the silence.

Discrepancias

Dice la voz de la lluvia:
—Soy la misma hace mil años
y de aquí a otros mil, seré la misma.

Pero una gota, rota en la ventana,
no está de acuerdo.

Discrepancies

The voice of the rain says:
"I have been the same for a thousand years
and for thousands more, I will be the same."

But one drop, breaking on the window,
does not agree.

Las palabras

A veces se presentan, enemigas.
¿Cómo atacar o cómo huir? Aún este
comenzar a escribir, ahora mismo,
o la charla común, que bien podría
ser entablada entre computadoras:
a tal pregunta van tales repuestas
posibles, y no otras.

Y sin embargo
hay algo más, en los pequeños diálogos
del momento. Veloces,
al vuelo del instante:
—¿Vienes ahora?— Espera
que ya termino. Vamos.

Esa soltura con que salta, viva,
la voz sobre otra voz, como un pie que saltara
sobre las piedras lisas, a través de un arroyo.

The Words

Sometimes they present themselves as enemies.
How to attack? Or how to flee? Even this
beginning to write, right here,
this common chatter, could well
be struck up between computers:
to such and such question comes these possible
answers, and no others.

But nevertheless
there is something more, in the small dialogues
of the moment. Swift,
flight of the instant:
"Are you coming now?" Wait
now I'm done. Let's go.

This agility that jumps, alive,
voice over another voice, like a foot that leaps
over smooth stones, across a stream.

Ocurre

Muerde la boca la fruta
los ojos devoran lo que los rodea
—masticar silencioso—

El pasar y pasar por los mismos lugares
los va absorbiendo. . .

Después se está como desparramado:
por todos los lados, tú mismo acechas
y al dar vuelta la esquina ya no te encuentras
con una casa, sino con su recuerdo.

It happens

The mouth bites the fruit
the eyes devour what surrounds it
—chewing silently—

The passing and passing through the same places
absorbing them . . .

Later it is like being scattered:
everywhere, you watch yourself
and turning the corner you do not find
a house, but rather its memory.

Voces en el comedor

La puerta quedó abierta
y desde el comedor llegan las voces.

Suben por la escalera
y la casa respira.
Respira la madera de sus pisos
las baldosas, el vidrio en las ventanas.

Y como por descuido se abren otras puertas
como a golpes de viento
y nada impide entonces que se escuchen las voces
desde todos los cuartos.

No importa lo que dicen.
Conversan: se oye una,
después se oye la otra.
Son voces juveniles,
claras.

Suben
peldaños de madera
y mientras ellas suenan
—mientras suenen—
sigue viva la casa.

Voices in the Dining Room

The door was left open
and from the dining room come voices.

They rise up the stairs
and the house breathes.
The wood of its floors breathes,
the tiles, the glass in the windows.

And, as if by accident, other doors open
as if by gusts of wind
and nothing stops the voices from being heard
through all the rooms.

It doesn't matter what they say.
They converse: one is heard,
then the other is heard.
There are young voices,
clear.

They climb
the wooden stairs
and while they sound
—while they are able to sound—
the house stays alive.

Periodística

La detallada descripción de los síntomas
de la muerte por hambre
de los cautivos en la cárcel de Maze.

La narración de la notable
recuperación, después de un accidente
de un obrero o un niño o una joven.

El comentario financiero: el alza
y la baja de todos los valores.

Historias pintorescas y chistosas.

Recetas de belleza y de cocina.
Una entrevista de alguien
que habla y nada dice.
Historietas.

Journalism

The detailed description of the symptoms
of the death by starvation
of the captives in Maze Prison.

The report of the surprising
recovery, after an accident,
of a worker or boy or young woman.

The financial commentary: the rise
and fall of bonds and shares.

Picturesque and humorous stories.

Recipes for beauty and the kitchen.
An interview with someone
who talks and says nothing.
Comics.

Traición

El último sol no le dijo: soy el último sol.
Nada le previnieron.
El agua resbaló sobre su cuerpo y él no supo
que era el modo en que el agua
decía: adiós. No supo.
Nadie le dijo nada.

Cuando llegó la noche, llegó para quedarse.
Y él no lo supo nunca.

Treason

The last sun did not say to him: I am the last sun.
Nothing prepared him.
The water slid over his body and he didn't know
this was the way that the water
said: good-bye. He did not know.
No one told him anything.

When night came, it came to stay.
And he never knew.

Entrevistas

Las burbujas
y chispas
—consultadas—
dijeron
que querrían quedarse por más tiempo.

Lo mismo declaran
los más duros cristales
y metales más viejos:

no hubo dos opiniones
sobre este tema.

—Tiempo.
—Más tiempo.
—Un poco más tiempo.

Interviews

Bubbles
and sparks
—when consulted—
say
that they would like to stay longer.

The hardest crystals
and oldest metals
declare the same:

there would be no two opinions
on this subject.

—Time.
—More time.
—A little more time.

Lluvia de octubre

Que las gotas toquen con tanta suavidad las baldosas
hace que no parezca muy real esta lluvia.
Ningún ruido.
Sólo se ve prenderse y apagarse los pequeños círculos
dando golpes al agua, blandamente.

Se encienden y se apagan, como pequeños signos
—cambiantes, rapidísimos—
de un código secreto.

October Rain

The drops touch the tiles with such smoothness
that it does not appear very real, this rain.
No noise.
It seems to turn on, then off, the small circles
hitting the water, softly.

They blink on, blink off, like small signals
—changeable, superfast—
a secret code.

¿Qué enseñan?

El estiramiento de una hoja arrollada
puesto en cámara rápida, ¿qué enseña?
Muestra una mano abriéndose
algo mostrando algo.
Un gesto.

Una mujer limpiando una ventana
las baldosas de un patio. . . cualquier cosa
que después queda húmeda y brillante
¿qué muestra?
¿no es la lavada cara de la esperanza?

Y los grupos de estrellas que se chocan
entre sí pero asombrosamente
no se tocan
¿enseñan algo?

What Do They Teach?

The unfurling of a rolled leaf
projected at high speed. What does that teach?
It shows a hand opening
something showing something.
A gesture.

A woman cleaning a window,
the tiles of a patio . . . anything
that later stays wet and brilliant.
What does that show?
Is it the washed face of hope?

And the clusters of stars that collide
with each other but amazingly
do not touch,
is there a lesson there?

Discreción en Delft

Sorprendía la ausencia de las cortinas
en la mayoría de los ventanales:
grandes vidrios hasta el suelo
y dentro
una sala sin nadie, muy cuidada, con flores.

El interior no debe ser visto
desde afuera.
Los transeúntes pasan,
las miradas resbalan
y la sala
—visible-invisible— es ajena:
la transparencia del vidrio la abre y la ofrece
la discreción de los ojos la cierra y la guarda.

Discretion in Delft

It was surprising the absence of curtains
in most of the large windows:
glass to the floor
and inside
a room with no one, well-kept, with flowers.

The interior should not be seen
from outside.
The passersby pass,
the glances slide by
and the room
—visible-invisible—is someone else's:
the transparency of the glass opens, offers it
the discretion of the eyes closes, saves it.

Calle lateral

Al anochecer
muchas casas tienen todavía
las puertas entreabiertas:
franjas de luz, cruzando las baldosas
llegan hasta la calle.
          Durante todo el día
van y vienen personas
que no cierran las puertas
sino que las entornan. . .
          Quedan a veces
a la vista una planta, un zaguán, escalones.

Y el misterio se instala a plena luz
porque ahora
cada puerta entornada ha dejado volarse
un hálito
de la cerrada vida de la casa.

(Las hojas de la planta del zaguán se agitan
débilmente
por el viento que llega de la calle.)

Side Street

At dusk
many houses still have
their doors half-open:
bands of light crossing the tiles,
reaching the street.
          All day long
people come and go
who do not shut the doors
but leave them ajar . . .
          Sometimes leaving
in view a plant, an entryway, stairs.

Leaving the mystery open to broad daylight
because now
every door propped open has let escape
a gentle breeze, a breath
of the closed life of the house.

(The leaves of the plant in the hallway tremble
faintly
in the wind from the street.)

Prisionero

la ciudad te ha de seguir.

—C. P. Cavafy

Así que no hay manera de librarse:
bastará darse vuelta para verla.
Allá viene, siguiéndote
Moviéndose —en apariencia lentamente—
y en realidad muy rápido.
Y si huyes por un momento sientes
muy lejano el ruido de las calles
discusiones, motores y ruidos y bocinas
son un sordo rumor.
      Y de tan lejos
apenas brillan ahora las ventanas más altas
tal vez un campanario.

Pero cuando por fin llegas a otro
lugar, a otra ciudad desconocida
tu ciudad te ha alcanzado bruscamente:
ya no es cuestión de darse vuelta. Adentro
muy adentro de ella te paseas
y a la otra le ruegas que te espere
que no se vaya lejos. . .

La otra no se mueve, pero se decolora
pierde tibieza, sus sonidos bajan
sus olores apenas se perciben

y el viejo aroma de la que te envuelve
no te suelta.

Prisoner

the city will follow you.

—C. P. Cavafy

So that there is no way to free yourself:
you have only to turn around to see it.
There it comes, following you
moving—apparently slowly—
but in reality very rapidly.
And if you escape for a moment you sense
far away the noise of the streets
arguments, engines and noise and horns
a dull murmur.
　　　　　And from far away
now the highest windows faintly shine
maybe a bell tower.

But when, at last, you arrive at another
place, another unknown city
your city has suddenly caught up with you:
now it is not a question of turning around. Inside
deep inside of it you walk
and you beg the other to wait for you
to not go far away . . .

The other doesn't move, but fades
loses warmth, its sounds dim
its smells barely perceptible

but the old aroma enfolds you
will not let you go.

Opuestos

La perfección con la que el cuerpo salta
del trampolín, la seguridad con la que hace
un movimiento de tijera
y corta el agua

derrota sin ningún trabajo
y sin darse cuenta

todos los balbuceos, avances, retrocesos
el que sí y el que no de la palabra
pensada y no dicha
dicha y no pensada.

Salta otro vez el nadador.
Míralo.
Calla.

Opposites

The perfection with which the body springs
from the diving board, the certainty with which it makes
a scissor movement
and cuts the water

defeats without any work
and without realizing

all the babbling, advances, retreats
the yes and no of the word
thought and not spoken
spoken and not thought.

Again, the swimmer leaps.
Watch him.
Be silent.

Las cosas por su nombre. . .

¿Y si no lo tienen?
¿Cómo se llama esta tristeza
que te dan las tres notas ascendentes
de la Muerte de Aase, en esta música?

Cuidado, no se llama Esta Tristeza.
Vas a tener que dar algún rodeo
para nombrarla
porque no existe fuera de las notas
y sin embargo
las notas no son ella.

Things by Their Name . . .

And if they do not have one?
What is the name of this sadness
you get from the three ascending notes
of The Death of Åse, in this music?

Careful, it is not called This Sadness.
You will have to go the long way
to name it
because it does not exist outside the notes
but nevertheless
the notes are not it.

¿Dónde?

Hay un pequeño pájaro —se piensa
que ha de ser muy pequeño —cuyo canto
empieza en tono alto y decidido
pero baja al final, como sintiéndose
arrepentido, desilusionado.

Se esconde, no es visible
no se observa su vuelo
sólo se oye
su misterioso trino
siempre alegre al principio y enseguida
triste al final, como enlazándose
con la sombra que crece
con luces lejanísimas y débiles.
Prepara
el regreso en silencio
—sobre todo el silencio—
el gesto de cansancio
la desaparición de las palabras.

Where?

There is a little bird—one thinks
it must be very little—whose song
starts on a high, determined note
but goes down at the end, as if it feels
sorry, disillusioned.

It hides, not visible
its flight not observed
there is only heard
its mysterious trill
always happy at first and then
sad in the end, as if joining
with the growing darkness
with lights, far, far away and faint.
It prepares
its resignation in silence
—above all silence—
the gesture of weariness,
the disappearance of words.

In memoriam

Un anillo, una silla
pero sobre todo los lentes, que aparecen, de pronto
como si ya estuviera por ponérselos.

"¿Dónde dejé los lentes?" La pregunta de siempre
es ahora inaudible pero casi se oye
mejor dicho, está ahora en la zona intermedia
entre la realidad y el recuerdo. Más fuerte
que la sola memoria, la pregunta se pega
a los lentes y los hace oscilar
entre lo que está aquí ahora —el silencio—
y lo que estuvo el día en que los lentes
eran siempre olvidados: ¡Ah, los lentes!
¿Dónde los puse?

In Memoriam

A ring, a chair,
but above all the glasses, that appear, suddenly
as if ready to be put on.

"Where did I leave my glasses?" The constant question
is inaudible now but can almost be heard
or rather, it is now in the twilight zone
between reality and remembrance. Stronger
than a single memory, the question sticks
to the glasses and makes them swing
between what is here now—silence—
and what was there on the day when your glasses
were always forgotten: Ah, my glasses!
Where did I put them?

Breve sol

A la última hora del sol los rayos atraviesan
por el aire, eligiendo: "éste sí, éste no"
Quedan en sombra
la mayoría; los elegidos brillan
con cortezas doradas. Ascendiendo
la luz alcanza otros follajes, deja éstos
y alumbra uno lejano. Ya no hay tiempo
de llegar hasta allí.
¿Quién sabe? Vamos.

Brief Sun

In the last hour of the sun, the rays cross
the air, choosing: "this one, yes, this one, no"
The majority stay
in the shade; the chosen ones shine
with golden bark. Ascending,
the light reaches other foliage, then moves on,
illuminates one far away. Already there is no time
to get there.
Who knows? Let's go.

Visita del arcángel Gabriel

El paraíso perdido *by Milton*

Sorprendidos, escuchan
Adán y Eva al ángel
explicar que unas cosas
se alimentan de otras, más livianas.

Hay variados ejemplos. Lo más denso,
la tierra, absorbe al agua; el agua, al aire
el aire, al fuego.

Ellos, los ángeles,
—sustancias sutilísimas—
también, en cierto modo, se alimentan. . .
¿Cómo si no, podrían vivir?

Así, sentado,
con un vaso en la mano
diserta el ángel
—con las alas
plegadas, suponemos—.

El Jardín del Edén escucha.
La manzana
espera.

Visit of the Archangel Gabriel

Paradise Lost *by Milton*

Surprised, they listen,
Adam and Eve, to the angel
explaining that some things
feed on other things, lighter, looser.

There are various examples. The densest,
earth, absorbs water; the water, air;
the air, fire.

They, the angels
—the subtlest substances—
also, in a certain way, feed . . .
If not, how would they live?

Thus, seated,
with a glass in his hand
the angel holds forth
—with wings
folded, we suppose—.

The Garden of Eden listens.
The apple
waits.

Diferencia

Lo que fue,
todavía se asoma
de a ratos.

Lo que no fue
grita un grito
horroroso

con su boca
sin labios.

Difference

What was
still peers out
at times.

What was not
cries a horrifying
cry

with its mouth
without lips.

Sobre el llegar un poco tarde

No, ya no,
pero hace un rato, sí.
—¿Quedó algo?
—La ceniza, el humo y tal vez
un pequeño, pequeño resplandor.

¿Y de la luz?
—También
algún eco quedó.

El hilo del sonido
todavía se escucha
en el fondo, apagándose.

¿Cómo desenredarlo?

Debías haber venido
un poco más temprano.

On Arriving a Little Late

No, not now,
but a little bit ago, yes
—Was anything left?
—Ash, smoke, and perhaps
a small, small glow.

And the light?
—an echo
also remained.

The thread of sound
still listening to itself
in the end, fading away.

Can't we untangle it?

You ought to have come
a bit earlier.

La silla

Ella quería tener una silla en el cuarto
—un cuarto muy pequeño—
por si venían visitantes.
También quería tener algunos caramelos
para invitar, por si venían niños.
Siempre debía haber flores
también, para alegrar el cuarto.
Después de alisar el doblez de la sábana
todo quedaba pronto.

A los que se sentaron en la silla
se los puede contar con dedos de una mano
y sobran dedos.
Sin embargo ella hablaba de variados amigos
que vendrían tal vez a visitarla
aunque vivían lejos.
También guardaba un postre o un refresco
por si alguien, de improviso, llegaba.

Ah, pero la silla
la silla aquella no quiere ahora emparejarse
con las otras.
Espera —y no al vacío que borró todo el cuarto—
sino algunas palabras, un saludo,
una conversación trivial, casi la misma siempre
sobre aquellas amigas
que vendrían.

The Chair

She wanted to have a chair in the room
— a very small room—
in case visitors came.
She also wanted to have some candy
to offer, in case children came.
She always had to have flowers,
too, to brighten up the room.
After smoothing the fold of the sheet
everything was ready.

Those who sat in the chair
can be counted on the fingers of one hand,
and there would be fingers left.
Nevertheless she always spoke of various friends
who might perhaps come to visit her
even though they lived far away.
She also kept a dessert or a soda
in case anyone, suddenly, arrived.

Ah, but the chair,
the chair that now does not want to be paired
with another.
It waits—not for the emptiness that erased the whole room—
but rather for some words, a greeting,
a trivial conversation, always virtually the same
about those friends
who would, perhaps, come.

La mano de bronce

Ya no es común el llamador de bronce
al lado de la puerta. Todavía lo vemos
en estas viejas casas
en donde se adivinan los patios interiores
con grandes plantas.

Nadie golpea ahora la manito de bronce
pero ella conserva, sin embargo
el sentido de cada golpe, dado
con prisa o con temor o tímido o violento.

Un par de golpes sobrios
anuncian las visitas que ahora se esfumaron.
Pero en su ser de humo
ellos vendrán a ver y hablar pausadamente
con aquellos señores y señoras
en sus marcos redondos o en sus óvalos
casi siempre de negro
que miran desde un cuadro.

The Bronze Hand

A bronze door knocker
is no longer common. We still see them
on those old houses
where we glimpse interior patios
with large plants.

Now, nobody knocks the little bronze hand
but it preserves
the meaning of every knock, given
in haste or fear, timidly or violently.

Now a pair of sober knocks
announces the visitors that are vanishing like smoke.
And in their vaporous form,
they will come to see and speak haltingly
with those lords and ladies
in their round or oval frames,
almost always black,
who watch from a painting.

Huéspedes

Huéspedes por poco tiempo
ya por abandonar los cuartos que ocuparon
calculan cuántas veces le queda al asomarse
por la ventana, cuántas, la mano en el pestillo.

El subir y bajar escaleras no va a ser para siempre.
Que por lo menos éstas
—el pasamanos fuertemente asido—
sean contadas:
una más, una más,
otra más todavía.

Abril entrega rápidos mensajes amarillos
que crujen bajo el pie. No son leídos.

Grandiosos escenarios se despliegan
en el cielo, pero ¿quién los recorre?
La trama, si existe, es breve. Ahora
la oscuridad desciende como cuando bajaban
aquellos grandes telones
de pana o terciopelo.

Guests

Guests for a short time
already about to leave the rooms they occupied
calculate how many times are left to look out
the window, how many, the hand on the latch.

The going up and down stairs will not go on forever.
At least these
—the railing held tightly—
will be counted:
one more, one more,
and still another one.

Fall brings fleeting yellow messages
that crunch under foot. They are not read.

Grandiose scenarios unfold
in the heavens, but who rehearses them?
The plot, if it exists, is brief. Now
darkness descends as when they lower
those great curtains
of velveteen or velvet.

Leyendo en lengua extraña

Al principio
el sentido se desprende de los signos
por tanteo, inseguro.

(Parece que dijera. . .)
Al levantar los ojos
la percepción asalta
y también pide a gritos por palabras.

Los fresnos amarillos

la pared rojiza
deshilachada nube:
¿signos?

Reading in a Foreign Language

At first
the meaning is peeled away from the symbols
by guesswork, unsteadily.

(It seems to say . . .)
Lifting the eyes
the perception assaults,
asking, shouting for words.

The yellow ash trees

the ruddy wall
a frayed cloud:
symbols?

Imagen

Salió un momento al corredor
—el corredor sin nadie—
vio que el sol entraba oblicuamente
—polvo en el aire—.

Dio unos pasos que avanzan
y atraviesan
lo dorado, lo oblicuo
lo solitario.

Y todo queda atrás
una imagen
que no será de nadie.

Image

She went out in the hall for a moment
—the hall without anyone—
and saw that the sun entered obliquely
—dust in the air—.

She took a few steps that advance
and cross
the golden, the oblique
the solitary.

And all that is left behind
an image
that will not belong to anyone.

I

. . .las horas que limando están los días.

—Góngora

¿Se oye el ruido de la limadura?
La lima invisible raspa y raspa
los bordes filosos del día
y sigue así, día adentro, hasta que vuelen
todas las limaduras dispersándose
en medio de la noche.

También la noche va perdiendo peso.
Se achica, pierde sombra
adelgazándose.

Pero peor, peor: huesos roídos
se desbaratan, por detrás, los años.

II

. . .En tierra, en polvo, en humo, en sombra, en nada.

—Góngora

¿Y si fuera al revés?
Una nada espesándose
ya sombra humosa y polvo
desciende lentamente:
se hace tierra.

Y tal vez piedra.
La firme, la real
la no-humo, no niebla.

I

. . . the hours are filing away the days.
　　　　　　　　　　　　　—Góngora

Can you hear the sound of filing?
The invisible file rasps and rasps
the sharp edges of the day
and continues on, deep into the day, until the filings
all fly away, dispersing
in the middle of the night.

The night too is losing weight.
It shrinks, losing darkness
growing thinner.

But worse, worse: behind us
like gnawed bones, the years break down.

II

. . . In earth, in dust, in smoke, in darkness, in nothing.
　　　　　　　　　　　　　—Góngora

And if it were the other way around?
A nothing thickens,
a smoky darkness and dust
descends slowly:
is made earth.

And perhaps stone.
The solid, the real
the not smoke, not fog.

Colibríes

Creí que me hablaba exagerando un poco
cuando decía que cada uno de sus colibríes —tenía cinco—
tenía un nombre distinto y que volaban
libremente por su jardín, donde tenían
bebederos distintos — "Si no, pelean mucho."

Pero era así, así mismo:
los vi una vez, cuando la casa, sola
invitaba a ser visitada por el fondo abierto.

Allí entraban volando como unos diminutos
mensajeros alados
con urgentes avisos y advertencias.
Ningún nombre les queda del todo bien. Palabras
inútiles. Asombro
del velocísimo moverse de las alas:
el no poder mirarlas
al acercarse con sus corazoncitos
latiendo rapidísimamente
cerca, muy cerca,

y disparar de pronto, altísimo,
inalcanzables.
Seres de nuestro mundo pero también de otro
sólo de ellos.

Hummingbirds

I thought she was exaggerating a little
when she said that every one of her hummingbirds—she had five—
had a distinct name and that they flew
freely in her garden, where they had
distinct feeders. "If not, they fight too much."

But it was like that, just like that:
I saw them once, when the house, alone,
invited a visit to the open back garden.

There they came flying like tiny
winged messengers
with urgent notices and warnings.
No name fit them well. Useless
words. Astonishment
at the rapid movement of the wings:
the not being able to look at them
the approach of their tiny hearts
beating so incredibly rapidly
close, very close,

and then suddenly shooting off, high,
unattainable.
Beings of our world but also of another,
only theirs.

El pozo de Silban

Cuenta Melville cómo Clarel desciende
hacia el pozo sagrado, el agua santa.
El agua
que hace a los ciegos ver
sanarse a los enfermos.

El agua brota en cuevas escondidas
de ríos subterráneos.
Suena de a ratos y de a ratos calla.
Un silencio, un sonido:
un rítmico misterio.

El peregrino baja
con cuidado, sintiéndose muy cerca
de aquello incompresible, milagroso. . .

De pronto
el ruido de una piedra suelta
golpea el mágico silencio
y cae al agua como caen todas
las piedras en el agua, con el mismo ruido.
Nada extraño: la piedra, el agua
se ven de pronto como piedra y agua.
Nada más, sólo eso.

Pool of Siloam

Melville tells how Clarel descends
toward the sacred pool, sacred water.
The water
that can make the blind see
and heal the sick.

The water springs from hidden caves
from underground rivers.
It sounds for a time, then for a time is silent.
A silence, a sound:
a rhythmic mystery.

The pilgrim goes down
very carefully, feeling close
to that incompressible, miraculous . . .

Suddenly
the noise of a loose stone
breaks the magical silence
and it falls into the water as all stones fall
stones in the water, with the same noise.
Nothing strange: the stone, the water
they are suddenly like stone and water.
Nothing else, just that.

Al-Mutamid, siglo once

El prisionero ve volar las aves en bandadas
(la traducción dice "perdices," pero eso
no parece posible)
y les desea buena suerte. . .
Teme que lo creamos envidioso
de aquella alada libertad de pájaros.
Y aclara bien que no, que no, que no es envidia
Ellas, libres.
Él, preso.

"¡Que tengan buena suerte!", dice, con sus crías
que las de él, en cambio, se perdieron.
Dice: "A las mías
las traicionaron el agua y la sombra."
(No está claro
cómo fue esa traición
pero así, con enigmáticas palabras
se termina el poema.)

Esto todo fue escrito hace mil años.
Y tiemblan, sin embargo, todavía
las palabras
del prisionero.

Al-Mutamid, Eleventh Century

The prisoner sees birds flying in flocks
(the translation says "partridges" but that
does not seem possible)
and wishes them good luck . . .
He fears we think him envious
of that winged freedom of birds.
And he makes it clear that no, no, it is not envy.
They, free.
He, prisoner.

"I wish them good luck!" he says, with their young
though his were lost to him.
He says: "Mine
the water and the shadow betrayed."
(It is not clear
what this betrayal was,
but like this, with enigmatic words,
the poem ends.)

All this was written a thousand years ago.
They tremble, even now,
the words
of that prisoner.

Cuidad de casas bajas

Las calles desembocan
fácilmente en el cielo.
Detrás de las palmeras de la plaza
se pone el sol: el rojo
se ensombrece en violeta
allí, muy cerca.

Y encima de las casas, nubes
—a veces largas franjas—
—o las algodonosas, con los bordes brillantes.
—Todo allí mismo, tocando techos bajos.

Hay esquinas donde la luz demora
y se prende a un balcón y lo suelta sin ganas.
El cielo toca todo
y entra por todos lados.

¿Qué haremos con tanto
azul, tan cerca?

City of Low Houses

The streets flow
easily into the sky.
Behind the palm trees in the plaza
the sun sets: red
shadows to purple
there, very near.

And above the houses, clouds
—sometimes large stripes—
—or cotton ones, with brilliant edges.
—All right there, touching low roofs.

The light lingers on corners
catches on a balcony, then reluctantly lets go.
The sky touches everything
and enters everywhere.

What shall we do with so much
blue, so close?

Invitación

Me gustaría
que me oyeras la voz y yo pudiera
oír la tuya.

Sí, sí, hablo contigo
mirada silenciosa
que recorre estas líneas.

Y repruebas, tal vez, este imposible
deseo de salirse del papel y la tinta.
¿Qué nos diríamos?

No sé, pero siempre mejor
que el conversar a solas
dando vuelta a las frases, a sonidos,
(el poner y el sacar paréntesis y al rato
colocarlos de nuevo).

Si tu voz irrumpiera
y quebrara esta misma
línea. . . ¡Adelante!
Ya te esperaba. Pasa.
Vamos al fondo. Hay algunos frutales.
Ya verás. Entra.

Invitation

I would like you
to hear my voice, wish
I could hear yours.

Yes, yes, I am talking to you,
silent gaze
that runs over these lines.

You disapprove, perhaps, of this impossible
desire to escape paper and ink.
What would we say to each other?

I don't know, but it has to be better
than always talking to myself,
turning phrases, sounds
(placing and removing parenthesis and
putting them in again).

If your voice interrupts
and breaks this very
line . . . Come in!
I was waiting for you. This way.
Let's go into the garden. There are fruit trees.
You will see. Come.

ACKNOWLEDGMENTS

I would like to acknowledge with gratitude the journals and magazines in which the following translations have appeared:

Agni: "Vermeer I-VI"; *Alaska Quarterly Review*: "Prisoner"; *American Literary Review*: "Calle Lateral" / "Side Street," "Voces en el comedor" / "Voices in the Dining Room," and "Trama" / "Plot"; *American Poetry Review* and *Poetry Daily*: "Things By Their Name" and "Treason"; *Blackbird:* "Cicatrices" / "Scars," "Composiciones" / "Compositions," "Una horrible impresión" / "A Horrible Shock," "In memoriam" / "In Memoriam," "Encarnaciones" / "Incarnations," and "El puente" / "The Bridge"; *Boston Review*: "Construcción de objetos" / "Construction of Objects" and "El palacio de jade verde" / "The Palace of Green Jade"; *Cincinnati Review*: "The End," "Reading in a Foreign Language," "What Do They Teach?," and "The Robbery"; *Colorado Review*: "Letters," "Image," and "The Chair"; *Copper Nickel*: "Rain in October" and "Signs"; *EIL*: "Possession" / "Posesión"; *Gettysburg Review*: "City of Low Houses," "Invitation," "Words," "Yes & No," and "Convalescence"; *International Poetry Review*: "Sonidos" / "Sounds," "¿Dónde?" / "Where?," and "Huéspedes" / "Guests"; *Jubilat*: "Diferencia" / "Difference" and "Discrepancias" / "Discrepancies"; *Kenyon Review*: "Prometheus" / "Prometeo"; *Mayday*: "Periodística" / "Journalism," "Hoja" / "Leaf"; *Michigan Quarterly Review:* "Rechazos" / "Refusals," "Restos" / "Remains," and "Vendrá un viento del sur" / "A Wind from the South Will Come"; *Mid-American Review*: "Ocurre" / "It happens," "La mano de bronce" / "The Bronze Hand," "La ciudad del sol" / "The City of the Sun," "Paradojas" / "Paradoxes," and "No habrá" / "It Will Not Be"; *Mississippi Review*: "Las palabras" / "Words," "Regreso" / "Return," and "Rostros" / "Faces"; *The New Yorker*: "Hummingbirds"; *Nimrod*: "Vámanos de nuevo" / "Let's Go Again"; *Pleiades*: "Visit of the Archangel Gabriel" and "(?)"; *Subtropic*: "[Can You Hear the Sound of Filing?]"; *TriQuarterly*: "Night"; *Waxwing*: "El pozo de Silban" / "The Pool of Siloam"; *West Branch*: "Where There Were Riverbanks," "Interviews," and "Losses"; *World Literature Today:* "Las mojadas uvas" / "Wet Grapes," "Opuestos" / "Opposites," and "La ventana" / "The Window."